## Fiche de lecture

**Document rédigé par Florence Hellin
maitre en langues et littératures françaises et romanes
(Université libre de Bruxelles)**

# Sa Majesté des Mouches

## William Golding

lePetitLittéraire.fr

# Rendez-vous sur lePetitLittéraire.fr et découvrez :

- plus de 1200 analyses
- claires et synthétiques
- téléchargeables en 30 secondes
- à imprimer chez soi

**Code promo : LPL-PRINT-10**

*10 % DE RÉDUCTION SUR www.lePetitLittéraire.fr*

# RÉSUMÉ 6

# ÉTUDE DES PERSONNAGES 10

Ralph

Jack Merridew

Porcinet

Simon

Roger

# CLÉS DE LECTURE 14

Une vision pessimiste de l'humanité

Une forte charge symbolique

Une réponse aux romans d'aventures

# PISTES DE RÉFLEXION 18

# POUR ALLER PLUS LOIN 19

# William Golding
## Écrivain britannique

- **Né en 1911 à Saint Columb Minor (Cornouailles)**
- **Décédé en 1993 à Falmouth**
- **Quelques-unes de ses œuvres :**
  *Sa Majesté des Mouches* (1954), roman
  *Les Héritiers* (1955), roman
  *Chute libre* (1959), roman

William Golding (1911-1993) est un auteur britannique. Il étudie la littérature anglaise à Oxford, puis il travaille dans un théâtre, où il est à la fois acteur, auteur et producteur, avant de devenir professeur d'anglais et de philosophie.

En 1940, il est mobilisé dans la marine et participe au débarquement sur les côtes normandes. Cette expérience marque profondément sa vision de l'humanité. Son œuvre est d'ailleurs traversée d'un profond pessimisme, et s'attache à démontrer l'irrémédiable chute de l'homme et le triomphe du mal.

Dans les années soixante, il se retire de l'enseignement pour se consacrer à la littérature et, en 1983, il obtient le prix Nobel de littérature.

# Sa Majesté des Mouches
## Une allégorie de la lutte entre civilisation et barbarie

- **Genre:** roman
- **Édition de référence:** *Sa Majesté des Mouches*, traduit de l'anglais par Lola Tranec, Paris, Gallimard, coll. «Du monde entier», 1983, 264 p.
- **1re édition:** 1954
- **Thématiques:** groupe social, cruauté, folie, pouvoir, peur, survie

*Sa Majesté des Mouches* est un roman publié en 1954 après plusieurs refus de la part des éditeurs. Malgré des premières ventes timides, le livre devient un bestseller et est désormais au programme dans de nombreuses écoles.

Le roman retrace les aventures d'une bande d'enfants, seuls sur une ile déserte après un accident d'avion au cours duquel tous les adultes ont péri. Très vite, les enfants s'organisent en essayant de reproduire les schémas sociaux qu'ils connaissent, mais des tensions au sein du groupe les amènent à s'entredéchirer. Œuvre allégorique, *Sa Majesté des Mouches* démontre toute la fragilité de la civilisation, ainsi que le penchant naturel de l'homme à sombrer dans la cruauté et la barbarie.

# RÉSUMÉ

## L'ORGANISATION SUR L'ILE

Au début d'une guerre atomique, un avion s'écrase sur une ile isolée. Tous les adultes périssent. Deux enfants, Ralph et Porcinet, trouvent sur la plage une conque, un coquillage qui produit un son sourd et puissant quand on souffle dedans. Ils l'utilisent pour regrouper les survivants. Des dizaines d'enfants éparpillés sur l'ile répondent à l'appel et se massent autour de Ralph. Un groupe d'écoliers, à la tête duquel se trouve un jeune garçon nommé Jack Merridew, les rejoint.

Pour organiser la vie quotidienne sur l'ile, les enfants ont besoin d'un chef et procèdent donc à un vote. Entre Ralph et Jack, c'est le premier qui est élu, grâce à la fascination qu'il exerce sur les autres. Il met en place un système qui garantit à chacun la possibilité de s'exprimer : seul celui qui a la conque en main a le droit de prendre la parole. Dans un geste d'amitié, le garçon laisse le commandement de la maitrise, un chœur d'enfants, à Jack, qui décide d'en faire un corps de chasse. En effet, celui-ci est passionné par cette activité et pense que la forêt, qui leur semble accueillante, est en réalité effrayante. Ralph décide également de faire un feu au sommet de l'ile pour qu'ils aient une chance d'être repérés et donc secourus. Sa surveillance est confiée à Jack et à sa bande.

Commence ensuite l'aménagement de l'ile. Des cabanes sont construites pour offrir un minimum de confort aux enfants. Cependant, cela ne se fait pas sans difficulté pour Ralph, le seul à s'investir pleinement.

Lors d'un meeting, Ralph remarque que ses camarades, auparavant heureux, semblent avoir peur. Jack intervient et reproche aux plus petits leurs cauchemars. Certains font part de leurs angoisses : l'un aurait vu une bête sortir de l'océan, tandis que d'autres évoquent l'existence de fantômes. La tension augmente, au point de provoquer une altercation entre les deux enfants : Jack reproche à Ralph de ne pas être un bon chef. Ce dernier souhaite quitter son poste, mais Porcinet l'en dissuade car Jack lui fait peur.

Un jour, alors que Jack est parti avec son groupe à la chasse, Ralph et Porcinet aperçoivent au loin la fumée d'un bateau. Malheureusement, le feu de repérage est éteint, ce qui provoque la colère du chef. Quand les chasseurs reviennent avec une prise, la joie de Jack s'oppose au mutisme de Ralph, qui ne lui pardonne pas l'abandon du feu. Les deux meneurs se toisent, mais Jack s'en prend à Porcinet qui tente d'intervenir et casse ses lunettes. Le lien est désormais brisé entre les amis.

## UN MONSTRE SUR L'ILE

Alors que les enfants dorment, une détonation retentit : un avion a explosé et un parachutiste s'en est échappé. Seuls Erik et Sam, les jumeaux, ont aperçu quelque chose alors qu'ils veillaient sur le feu. Affolés, ils retournent au camp et une battue est organisée. Sur le chemin, la troupe croise un sanglier que Ralph parvient à toucher. Grisés, les enfants entament une danse et se livrent au simulacre d'un sacrifice sur l'un d'entre eux.

Peu à peu, une rumeur selon laquelle il y aurait un monstre sur l'île s'est répandue chez les enfants, alors qu'il ne s'agit que du corps sans vie du parachutiste. On décide alors de partir à sa recherche pour calmer les peurs des plus jeunes. Jack défie Ralph et Robert de se joindre à eux pour traquer la bête. Mais, à la vue d'une forme indistincte qui gonfle et enfle, les garçons s'enfuient. Par conséquent, Jack remet en cause les qualités de Ralph et demande aux enfants de choisir leur camp. Dans l'hésitation, personne ne prend parti. Humilié, Jack les quitte.

Avec les chasseurs, il organise son propre clan et propose de faire une offrande au monstre : il empale la tête d'une truie sur un piquet. Simon, qui assiste à la scène, est troublé par cette tête de cochon et la nuée de mouches qui l'entoure. Dans un délire, il croit que la truie est Sa-Majesté-des-Mouches, une force démoniaque, et qu'elle s'adresse à lui. Plus tard, après avoir retrouvé ses esprits, il découvre la vérité sur le prétendu monstre et décide d'avertir les autres de sa découverte.

Finalement, la majorité des enfants se rallie à Jack. Dans sa forteresse, celui-ci fait régner la terreur : lui et Roger ont recours à l'humiliation et à la torture. De leur côté, Ralph et Porcinet, inquiets, se rendent eux aussi dans le camp de Jack. Le groupe entame une danse tribale, à laquelle se joint timidement Ralph. Mais une masse qu'ils prennent pour le monstre fait irruption dans le cercle. Les enfants, déchainés, la frappent avec violence. Ils n'ont pas reconnu Simon, mort sous leurs coups, qui venait leur expliquer que le monstre n'était autre que le parachutiste. Ralph voit dans sa mort un assassinat et non un accident. Il retourne donc avec Porcinet dans sa cabane.

Là, ils entendent une voix murmurer le nom de Porcinet. S'ensuit une bagarre, mais les assaillants prennent la fuite, n'emportant avec eux que les lunettes de Porcinet. Ralph, convaincu qu'il s'agit d'une attaque de Jack, se rend au camp de celui-ci avec Porcinet, Erik et Sam. Le duel entre les chefs est terrible : ils se battent avec des lances. Les jumeaux Erik et Sam sont ligotés et enlevés. Porcinet, muni de la conque, réclame la parole et tente de calmer les esprits. Caché à l'écart, Roger fait balancer un levier qui retient une énorme pierre. Celle-ci dévale la pente et frappe le jeune garçon de plein fouet : il s'écrase quinze mètres plus bas, mort. Ralph, grièvement blessé par Jack, s'enfuit. Il se terre dans la forêt mais parvient à approcher Erik et Sam, désormais au service de Jack. Les jumeaux lui conseillent de fuir parce qu'une battue est prévue le lendemain pour le retrouver.

Le garçon est pris en chasse. Jack, pour faire sortir le fuyard des fourrés, met le feu à la forêt. Menacé par l'incendie et par la sauvagerie des autres enfants, Ralph s'échappe de sa cachette. Il s'effondre alors sur la plage, devant un officier qui, alerté par le feu qui gagnait toute l'ile, a amarré son bateau. Les enfants affluent, sous le choc. Après un bref moment de flottement, ils éclatent en pleurs devant les adultes interloqués.

# ÉTUDE DES PERSONNAGES

## RALPH

Ralph est l'un des plus vieux enfants de l'ile. Il a été élu suite à un vote, non pas grâce à des actions héroïques particulières, mais en raison de son charisme. C'est un excellent orateur qui sait quand parler et ce qu'il convient de dire pour rassurer les esprits inquiets.

En tant que chef, il prend des décisions essentielles au bon fonctionnement du groupe : il met en place un feu de détresse, il utilise la conque comme moyen d'expression, il entreprend la construction de cabanes, il confie la chasse à Jack, etc. Ralph garde toujours à l'esprit ce que les autres enfants et lui étaient avant d'atterrir sur l'ile, à savoir de bons écoliers anglais. Ce souvenir lui permet de garder le peu de civilisation qu'il leur reste et de ne pas se laisser aller dans une certaine décadence.

Mais le personnage perd son influence sur les autres enfants à mesure que le pouvoir de Jack s'affirme. Cette affaiblissement de prestige s'accompagne de l'amenuisement de ses qualités de chef : fréquemment, il oublie les motifs de ses actions et doit compter sur l'aide de Porcinet. Dans ces moments de vulnérabilité, son aisance verbale et son esprit d'initiative sont totalement annihilés (« Il s'interrompit brusquement car le volet venait de se refermer dans son cerveau », p. 218). Son esprit brillant n'a pas pu résister totalement à la sauvagerie dans laquelle sont tombés les anciens écoliers.

Ralph est le représentant de l'ordre, de la civilisation et d'un pouvoir positif, tourné vers le bien commun. En prenant leur ancien chef en chasse, les enfants rejettent toute forme de morale et de responsabilité envers la société.

## JACK MERRIDEW

Jack Merridew est un des ainés de l'ile, avec Ralph. Il est le chef de la maitrise. C'est un leader naturel, attiré par le pouvoir, dont il ne peut se passer. Il est d'ailleurs furieux de ne pas avoir été élu à la place de Ralph et sa soif de pouvoir est telle qu'il quitte le camp de son rival pour former le sien. En outre, la chasse le passionne : il est fasciné par la puissance qu'il ressent en traquant et en tuant. Ce désir de domination grandit et devient de plus en plus irrationnel, au point qu'il remplace la chasse au cochon par une chasse à l'homme, en l'occurrence Ralph.

Jack est l'antithèse de Ralph, avec qui il partage toutefois un charisme certain. Son mode d'organisation, moins contraignant que celui de Ralph, est plus attirant pour les jeunes enfants, qui vivent dans l'instant présent. Mais son pouvoir est violent, brutal et basé sur l'assouvissement des instincts les plus primaires. Il repose sur la peur, les humiliations et la torture.

Jack représente les pires aspects du comportement humain qui, quand il n'est pas contrôlé ou tempéré par les règles de la civilisation, bascule dans la sauvagerie.

## PORCINET

Porcinet, dont le prénom ne sera jamais révélé, représente la troisième force, après Ralph et Jack. Mais, même s'il possède une intelligence et une capacité réflexive que les autres n'ont pas, son physique rondouillard et sa fragilité d'asthmatique l'empêchent d'être écouté et de s'imposer auprès de tous. Étant donné qu'il ne peut prétendre au premier rang, il devient le bras droit de Ralph. Il joue pourtant au sein de l'organisation du groupe un rôle crucial : sans lui et ses lunettes, le feu n'est plus possible.

Aussi, il fait preuve de rationalité quand les enfants se laissent gagner par la peur causée par l'ignorance, par exemple quand il nie l'existence de fantômes. Sa dernière intervention est une ultime tentative pour faire appel à la raison et à l'ordre. Mais sa mort tragique et la destruction de la conque sonnent le glas de tout retour à la civilisation. La descente dans la sauvagerie est désormais irrémédiable.

## SIMON

Simon est un enfant calme et tranquille, souvent moqué par les autres pour son caractère distrait et rêveur. À l'écoute de la nature, il aime se promener seul dans la forêt, où il ressent des sensations extraordinaires.

Il éprouve une profonde aversion pour la tête de truie, Sa-Majesté-des-Mouches, signe barbare, au point de vivre une hallucination.

Il est tué au cours d'une cérémonie tribale, sur l'autel des superstitions, alors qu'il venait apporter la vérité et rétablir la sagesse dans les esprits. Sa mort marque la fin de l'innocence des enfants.

## ROGER

Roger est le second de Jack dans le nouveau camp mis en place. Une fois qu'il a compris que les tentatives de civilisation sont vaines, il se laisse aller à ses pires penchants : il tue Porcinet et terrorise les autres enfants par des humiliations et des tortures.

Il représente la cruauté inhumaine, le plaisir d'infliger la souffrance ou de tuer. Les travers les plus terribles de l'homme sont réunis dans ce seul personnage.

# CLÉS DE LECTURE

## UNE VISION PESSIMISTE DE L'HUMANITÉ

William Golding est un moraliste qui utilise l'allégorie et la métaphore pour peindre l'homme dans sa chute et le triomphe du mal. *Sa Majesté des Mouches* est en effet une allégorie du combat que peuvent se livrer la civilisation et la barbarie. Le roman est ainsi traversé de tensions entre esprit de groupe et individualité, entre réactions rationnelles et émotives ou encore entre moralité et immoralité.

Cette opposition est symbolisée par les conflits entre les camps de Ralph et de Jack :

- Ralph représente la civilisation. Dès le début, ses premières actions de chef visent à créer un certain ordre parmi les garçons et à construire une société stable sur l'ile. La parole et l'écoute sont garanties par la conque. Porcinet apporte au groupe l'intelligence et la réflexion, les bases de toute culture humaine ;
- Jack symbolise la sauvagerie, et le désir incontrôlable de domination et de pouvoir. La société qu'il bâtit est jouissive et ne repose sur aucun principe démocratique. La seule manière de canaliser son groupe est dès lors d'avoir recours à la peur, la violence et l'humiliation.

Loin du monde des adultes et de ses règles, les enfants cassent toutes les barrières qui ont jalonné leur éducation et se laissent aller à la brutalité et à leurs instincts primitifs. Malgré leur jeune âge, ils ne sont pas innocents : la violence et le mal sont en eux comme dans toute personne. Il a suffi qu'ils soient éloignés des codes de la morale pour tomber dans la sauvagerie.

Golding a une vision extrêmement dure de la nature humaine : la civilisation est une construction qui ne tient qu'à un fil et l'homme, traversé par le bien et le mal, ne peut que succomber à ce dernier.

## UNE FORTE CHARGE SYMBOLIQUE

Plusieurs éléments de l'histoire constituent des symboles :

- la conque. Elle a été trouvée par Ralph et Porcinet et a permis de rassembler tous les enfants répartis sur l'île après l'accident. Ralph comprend son pouvoir et en fait un objet primordial dans la vie quotidienne du camp : le coquillage convoque les enfants aux rassemblements et celui qui l'a en main possède le droit de parole. Elle permet à chacun de s'exprimer et d'être entendu. Elle est donc un symbole de démocratie, de civilité et d'ordre dans le groupe. Plus les garçons tombent dans la sauvagerie, moins la conque a d'influence. Sa destruction lors de la chute de la pierre marque la fin de la tolérance et le début de la barbarie ;
- la bête. L'existence d'une bête est évoquée pour la première fois par un des enfants. Cette bête prend plusieurs formes : c'est d'abord un serpent, puis un monstre marin et, enfin, une « forme qui gonfle » (le parachute). Pour conjurer leur peur, les insulaires

lui offrent des sacrifices et la considèrent comme une nouvelle divinité. Seul Simon comprend que la bête les effraie tous parce qu'elle se trouve en chacun d'eux : plus grande est la sauvagerie des garçons, plus forte est leur crainte, et plus le monstre semble réel ;
- Sa-Majesté-des-Mouches. Il s'agit d'une tête de truie que Jack a empalée sur un piquet, en offrande à la bête. L'animal, figure aimante et innocente avant d'être tué, devient une image sanglante et obscure. Ce changement représente la transformation subie par Jack et les autres lors de leur séjour sur l'ile. Sa-Majesté-des-Mouches devient alors l'incarnation du mal. Son nom est d'autant plus symbolique que Belzébuth (un démon ancestral), en hébreu, signifie « seigneur des mouches » ;
- les lunettes de Porcinet, enfin. Elles constituent un double symbole : non seulement elles représentent la connaissance, la culture et l'érudition, mais elles sont aussi la clé de la maitrise du feu, si essentielle dans l'histoire de l'humanité.

## UNE RÉPONSE AUX ROMANS D'AVENTURES

*Sa Majesté des Mouches* est une réponse aux romans d'aventures et en particulier à *Robinson Crusoé* (1719) de Daniel Defoe et à *Coral Island* (1857) de Ballantyne, qui racontent les péripéties de jeunes aventuriers dans des contrées inconnues. Golding emprunte à Ballantyne le thème d'une ile déserte peuplée d'enfants, mais il traite le sujet différement.

Le récit de l'auteur commence comme un simple roman d'aventures : les enfants débarquent dans un paradis terrestre et vivent en totale harmonie avec une nature somptueuse. Mais ce bonheur est de courte durée : l'ile se révèle angoissante et cache de lourds secrets. Si Robinson, le héros de Defoe, réussit à affronter une nature sauvage tout en restant civilisé, ce n'est pas le cas des enfants de *Sa Majesté des Mouches*, qui oublient leurs qualités d'enfants éduqués.

Le genre du roman d'aventures repose sur une vision manichéenne du monde, dans lequel le bien et le mal s'affrontent, tout comme dans l'œuvre de Golding. Mais ceux qui remportent le combat ne sont pas les mêmes. Dans les romans d'aventures, le bien triomphe et les valeurs de la civilisation occidentale sont préservées, tandis que chez l'écrivain, c'est la face sombre de l'homme qui gagne, dans un univers dénué de morale.

# PISTES DE RÉFLEXION

## QUELQUES QUESTIONS POUR APPROFONDIR SA RÉFLEXION...

- Que représentent, respectivement, Ralph et Jack ?
- Pourquoi peut-on dire que *Sa Majesté des Mouches* est une métaphore ?
- Selon vous, les enfants sont-ils innocents ? Justifiez votre réponse.
- Golding, à travers ce roman, développe-t-il une vision optimiste ou pessimiste de la condition humaine ?
- Expliquez quelle est la charge symbolique, d'une part de la conque, d'autre part des lunettes.
- Expliquez, avec vos mots et à partir du livre, ce qu'est la démocratie.
- Quelles sont les similitudes et les différences entre *Sa Majesté des Mouches* et les romans d'aventures ?
- Connaissez-vous d'autres récits mettant en scène des naufragés sur une ile déserte ? Comparez-les avec l'œuvre de Golding.
- À votre avis, pourquoi ce roman est-il beaucoup lu dans les écoles ?
- Pensez-vous que cette œuvre soit réaliste ? Justifiez votre réponse.

# POUR ALLER PLUS LOIN

## ÉDITION DE RÉFÉRENCE

- Golding W., *Sa Majesté des Mouches*, traduit de l'anglais par Lola Tranec, Paris, Gallimard, coll. « Du monde entier », 1983.

## ADAPTATIONS

- *Sa Majesté des Mouches* (*Lord of the Flies*), film de Peter Brook, avec James Aubrey, Tom Chapin et Hugh Edwards, 1963.
- *Lord of the Flies*, film de Harry Cook, avec Balthazar Getty, Chris Furrh et Danuel Pipoly, 1990.
- *Seuls*, bande dessinée de Vehlmann et Gazotti, 5 tomes chez Dupuis.

## SUR LEPETITLITTÉRAIRE.FR

- Questionnaire de lecture sur *Sa Majesté des Mouches*

# Retrouvez notre offre complète sur lePetitLittéraire.fr

- des fiches de lectures
- des commentaires littéraires
- des questionnaires de lecture
- des résumés

**ANOUILH**
- Antigone

**AUSTEN**
- Orgueil et Préjugés

**BALZAC**
- Eugénie Grandet
- Le Père Goriot
- Illusions perdues

**BARJAVEL**
- La Nuit des temps

**BEAUMARCHAIS**
- Le Mariage de Figaro

**BECKETT**
- En attendant Godot

**BRETON**
- Nadja

**CAMUS**
- La Peste
- Les Justes
- L'Étranger

**CARRÈRE**
- Limonov

**CÉLINE**
- Voyage au bout de la nuit

**CERVANTÈS**
- Don Quichotte de la Manche

**CHATEAUBRIAND**
- Mémoires d'outre-tombe

**CHODERLOS DE LACLOS**
- Les Liaisons dangereuses

**CHRÉTIEN DE TROYES**
- Yvain ou le Chevalier au lion

**CHRISTIE**
- Dix Petits Nègres

**CLAUDEL**
- La Petite Fille de Monsieur Linh
- Le Rapport de Brodeck

**COELHO**
- L'Alchimiste

**CONAN DOYLE**
- Le Chien des Baskerville

**DAI SIJIE**
- Balzac et la Petite Tailleuse chinoise

**DE GAULLE**
- Mémoires de guerre III. Le Salut. 1944-1946

**DE VIGAN**
- No et moi

**DICKER**
- La Vérité sur l'affaire Harry Quebert

**DIDEROT**
- Supplément au Voyage de Bougainville

**DUMAS**
- Les Trois Mousquetaires

**ÉNARD**
- Parlez-leur de batailles, de rois et d'éléphants

**FERRARI**
- Le Sermon sur la chute de Rome

**FLAUBERT**
- Madame Bovary

**FRANK**
- Journal d'Anne Frank

**FRED VARGAS**
- Pars vite et reviens tard

**GARY**
- La Vie devant soi

**GAUDÉ**
- La Mort du roi Tsongor
- Le Soleil des Scorta

**GAUTIER**
- La Morte amoureuse
- Le Capitaine Fracasse

**GAVALDA**
- 35 kilos d'espoir

**GIDE**
- Les Faux-Monnayeurs

**GIONO**
- Le Grand Troupeau
- Le Hussard sur le toit

**GIRAUDOUX**
- La guerre de Troie n'aura pas lieu

**GOLDING**
- Sa Majesté des Mouches

**GRIMBERT**
- Un secret

**HEMINGWAY**
- Le Vieil Homme et la Mer

**HESSEL**
- Indignez-vous !

**HOMÈRE**
- L'Odyssée

**HUGO**
- Le Dernier Jour d'un condamné
- Les Misérables
- Notre-Dame de Paris

**HUXLEY**
- Le Meilleur des mondes

**IONESCO**
- Rhinocéros
- La Cantatrice chauve

**JARY**
- Ubu roi

**JENNI**
- L'Art français de la guerre

**JOFFO**
- Un sac de billes

**KAFKA**
- La Métamorphose

**KEROUAC**
- Sur la route

**KESSEL**
- Le Lion

**LARSSON**
- Millenium I. Les hommes qui n'aimaient pas les femmes

**LE CLÉZIO**
- Mondo

**LEVI**
- Si c'est un homme

**LEVY**
- Et si c'était vrai...

**MAALOUF**
- Léon l'Africain

**MALRAUX**
- La Condition humaine

**MARIVAUX**
- La Double Inconstance
- Le Jeu de l'amour et du hasard

**MARTINEZ**
- Du domaine des murmures

**MAUPASSANT**
- Boule de suif
- Le Horla
- Une vie

**MAURIAC**
- Le Nœud de vipères

**MAURIAC**
- Le Sagouin

**MÉRIMÉE**
- Tamango
- Colomba

**MERLE**
- La mort est mon métier

**MOLIÈRE**
- Le Misanthrope
- L'Avare
- Le Bourgeois gentilhomme

**MONTAIGNE**
- Essais

**MORPURGO**
- Le Roi Arthur

**MUSSET**
- Lorenzaccio

**MUSSO**
- Que serais-je sans toi ?

**NOTHOMB**
- Stupeur et Tremblements

**ORWELL**
- La Ferme des animaux
- 1984

**PAGNOL**
- La Gloire de mon père

**PANCOL**
- Les Yeux jaunes des crocodiles

**PASCAL**
- Pensées

**PENNAC**
- Au bonheur des ogres

**POE**
- La Chute de la maison Usher

**PROUST**
- Du côté de chez Swann

**QUENEAU**
- Zazie dans le métro

**QUIGNARD**
- Tous les matins du monde

**RABELAIS**
- Gargantua

**RACINE**
- Andromaque
- Britannicus
- Phèdre

**ROUSSEAU**
- Confessions

**ROSTAND**
- Cyrano de Bergerac

**ROWLING**
- Harry Potter à l'école des sorciers

**SAINT-EXUPÉRY**
- Le Petit Prince
- Vol de nuit

**SARTRE**
- Huis clos
- La Nausée
- Les Mouches

**SCHLINK**
- Le Liseur

**SCHMITT**
- La Part de l'autre
- Oscar et la Dame rose

**SEPULVEDA**
- Le Vieux qui lisait des romans d'amour

**SHAKESPEARE**
- Roméo et Juliette

**SIMENON**
- Le Chien jaune

**STEEMAN**
- L'Assassin habite au 21

**STEINBECK**
- Des souris et des hommes

**STENDHAL**
- Le Rouge et le Noir

**STEVENSON**
- L'Île au trésor

**SÜSKIND**
- Le Parfum

**TOLSTOÏ**
- Anna Karénine

**TOURNIER**
- Vendredi ou la Vie sauvage

**TOUSSAINT**
- Fuir

**UHLMAN**
- L'Ami retrouvé

**VERNE**
- Le Tour du monde en 80 jours
- Vingt mille lieues sous les mers
- Voyage au centre de la terre

**VIAN**
- L'Écume des jours

**VOLTAIRE**
- Candide

**WELLS**
- La Guerre des mondes

**YOURCENAR**
- Mémoires d'Hadrien

**ZOLA**
- Au bonheur des dames
- L'Assommoir
- Germinal

**ZWEIG**
- Le Joueur d'échecs

**Et beaucoup d'autres sur lePetitLittéraire.fr**

© **LePetitLittéraire.fr, 2013. Tous droits réservés.**

www.lepetitlitteraire.fr

ISBN version imprimée : 978-2-8062-1392-1
ISBN version numérique : 978-2-8062-1893-3
Dépôt légal : D/2013/12.603/375